BEI GRIN MACHT SICH IHR WISSEN BEZAHLT

- Wir veröffentlichen Ihre Hausarbeit, Bachelor- und Masterarbeit

- Ihr eigenes eBook und Buch - weltweit in allen wichtigen Shops

- Verdienen Sie an jedem Verkauf

Jetzt bei www.GRIN.com hochladen und kostenlos publizieren

Sabine Neureiter

Isis, die Hexe aus dem Delta

GRIN Verlag

Bibliografische Information der Deutschen Nationalbibliothek:

Die Deutsche Bibliothek verzeichnet diese Publikation in der Deutschen Nationalbibliografie; detaillierte bibliografische Daten sind im Internet über http://dnb.d-nb.de/ abrufbar.

Dieses Werk sowie alle darin enthaltenen einzelnen Beiträge und Abbildungen sind urheberrechtlich geschützt. Jede Verwertung, die nicht ausdrücklich vom Urheberrechtsschutz zugelassen ist, bedarf der vorherigen Zustimmung des Verlages. Das gilt insbesondere für Vervielfältigungen, Bearbeitungen, Übersetzungen, Mikroverfilmungen, Auswertungen durch Datenbanken und für die Einspeicherung und Verarbeitung in elektronische Systeme. Alle Rechte, auch die des auszugsweisen Nachdrucks, der fotomechanischen Wiedergabe (einschließlich Mikrokopie) sowie der Auswertung durch Datenbanken oder ähnliche Einrichtungen, vorbehalten.

Impressum:

Copyright © 2006 GRIN Verlag GmbH
Druck und Bindung: Books on Demand GmbH, Norderstedt Germany
ISBN: 978-3-656-50739-0

Dieses Buch bei GRIN:

http://www.grin.com/de/e-book/262196/isis-die-hexe-aus-dem-delta

GRIN - Your knowledge has value

Der GRIN Verlag publiziert seit 1998 wissenschaftliche Arbeiten von Studenten, Hochschullehrern und anderen Akademikern als eBook und gedrucktes Buch. Die Verlagswebsite www.grin.com ist die ideale Plattform zur Veröffentlichung von Hausarbeiten, Abschlussarbeiten, wissenschaftlichen Aufsätzen, Dissertationen und Fachbüchern.

Besuchen Sie uns im Internet:

http://www.grin.com/

http://www.facebook.com/grincom

http://www.twitter.com/grin_com

Isis, die Hexe aus dem Delta

Erstmals publiziert in:
Kemet - Die Zeitschrift für Ägyptenfreunde,
Das Nildelta in der Pharaonenzeit,
Bd. 3, 2006, Kemet Verlag, Berlin, 35ff
(www.kemet.de)

von

Sabine Neureiter, M.A.

Vorwort

Bei meinen Kemet-Artikeln handelt es sich um Texte, in denen ich versuche auf wenigen Seiten viele Informationen zu liefern. Der inhaltliche Rahmen ergibt sich aus dem Titel-Thema der jeweiligen Kemet-Ausgabe. Alle Artikel in den Kemet-Magazinen sind bebildert; die Fotos ergänzen die Texte.

Mir war bei jedem einzelnen Artikel wichtig, nicht lediglich schon bekannte und überall nachzulesende Informationen zusammenzustellen und nachzuerzählen. Ich betrachte alle Themen aus einer über den Tellerrand der Ägyptologie hinausgehenden Perspektive und stelle oftmals Thesen in den Raum, die eine Diskussion anstoßen sollen. Es handelt sich dabei aber immer um begründete und nicht aus der Luft gegriffenen Überlegungen.

Für viele meiner Artikel bilden ethnologische, soziologische oder religionswissenschaftliche Ansätze den Rahmen, um alternative Sichtweisen zu ermöglichen. Dabei gehe ich durchaus – aus ägyptologischer Sicht – etwas provokativ an ein Thema heran. Aber immer nur mit dem Ziel, neue oder unbekanntere Aspekte darzustellen.

Um altbekannter Kritik von vornherein entgegenzutreten: Grundsätzlich ist ein über räumliche und zeitliche Grenzen hinwegreichender Kulturvergleich ebenso statthaft wie ein sich ausschließlich an die Originalquellen haltender Versuch, Erkenntnisse über die altägyptische Kultur zu gewinnen. Das Argument, es handle sich bei dem einen um eine anachronistische und bei dem anderen um die einzig akzeptable Vorgehensweise, greift nicht. Denn schließlich findet auch das sprachwissenschaftlich fundierte Interpretieren einer altägyptischen Originalquelle alles andere als zeitnah zu ihrer Entstehung statt. Und eine Quelle aus der ägyptischen Spätzeit ist immerhin auch schon zweitausend Jahre jünger als etwa eine aus der Pyramidenzeit, so dass die Interpretationsergebnisse der jüngeren Quelle als anachronistisch bewertet und zum Verständnis der älteren nicht herangezogen werden dürften, wollte man dieser Argumentation folgen.

Nicht nur der Kulturvergleich, sondern gerade auch der interdisziplinäre Ansatz erweitert unseren Verstehenshorizont. Dann finden sich Antworten auf Fragen, die sich aus ägyptologischer Sicht nie stellen würden und werfen Licht auf unbeachtete oder unbekannte kulturelle Phänomene. Auch scheinbar wissenschaftlich längst bearbeitete Bereiche müssen immer wieder auf den Prüfstand; allein, weil jedem Wissenschaftler und jeder Wissenschaftlerin eine subjektive Sichtweise zueigen ist und jeder Versuch, Subjektivität aus der Arbeit auszuschließen und reine Objektivität walten zu lassen, niemals gelingen kann.

Letztendlich kann es immer nur darum gehen, ein weiteres kleines Fenster zum Verständnis der altägyptischen Kultur aufzustoßen.

Isis, die Hexe aus dem Delta

Es war einmal...

Wer kennt sie nicht, die Märchen von den im Wald lebenden Hexen? Ähnliche Geschichten sind auch aus dem Alten Ägypten überliefert. Es sind Geschichten von der Göttin Isis. Sie war die Schwester und Ehefrau des Osiris, die diesen, nachdem er von dem gemeinsamen Bruder Seth ermordet worden war, mit ihrer Zauberkraft wieder zum Leben erweckte, so dass er von da an als König im Jenseits herrschen konnte. Und mehr noch, sie empfing von ihm postum ihren Sohn Horus, der an Stelle seines Vaters im Diesseits über die Menschen herrschen sollte. Von dem Tag seiner Geburt an war er in Lebensgefahr. Denn Seth war nicht bereit, den seiner Meinung nach ihm zustehenden Herrschaftsanspruch freiwillig an jemanden anderen abzutreten. Osiris war von ihm aus dem Weg geschafft worden. Und so sollte auch Horus beseitigt werden. Ort all dieser Ereignisse war das Delta.

Das Delta

Nördlich von Memphis verzweigte sich der Nil in mehrere Arme, die in ihrer Gesamtheit das über zwanzigtausend Quadratkilometer große Nildelta bildeten. Bevor der Nil ins Mittelmeer mündete, konnte er sich in der nördlichen Ebene ausbreiten, was automatisch einen Rückgang der Strömung zur Folge hatte. Die bei Hochwasser mitgeführten Sedimente setzten sich auf Grund der nachlassenden Strömung größtenteils schon bald nach dem Eintritt ins Delta im Flussbett ab. Während sich zwischen den Flussarmen im Laufe der Jahrtausende v.a. im südlichen und östlichen Delta aus den älteren Sedimenten Sandinseln mit einer nur geringen Schlammdecke bildeten, entstanden im nördlichen Teil des Deltas Dauersümpfe und Seen. Die Sandinseln waren fester Boden, der sich zum Besiedeln eignete, so dass die Siedlungsverhältnisse im Süd- und Ostdelta insgesamt bedeutend günstiger waren als im übrigen Delta.

Während der gesamten altägyptischen Geschichte hindurch war die durchschnittliche Bevölkerungsdichte im Delta etwa um die Hälfte niedriger als im Niltal. Um 4000 v. Chr. lebten im Delta etwa 10 Menschen auf einem Quadratkilometer, tausend Jahre später waren es etwa 30. Im Laufe des Alten Reiches verdoppelte sich diese Zahl. Während des Mittleren Reiches kamen etwa 75 Menschen auf einen Quadratkilometer; bis zum Ende des Neuen Reiches waren es etwa 90. Und während der Ptolemäerzeit war die Zahl auf etwa 135 Menschen pro Quadratkilometer angestiegen.[1] Dabei muss man sich aber vor Augen führen, dass weite Teile des Deltas sehr dünn oder überhaupt nicht besiedelt waren, während in der Nähe von „Zentralorten", den großen Dörfern, den kleinen und großen Zentren und besonders bei der Stadt Memphis, die Bevölkerungsdichte dagegen sehr hoch war.

---

[1] S. Jürgen Kraus, Die Demographie des Alten Ägypten. Eine Phänomenologie anhand altägyptischer Quelle, 2004, 21. Zum Vergleich: Heute gehört das Fruchtland Ägyptens zu den am dichtest bevölkerten Gebieten der Erde. Durchschnittlich leben weit mehr als 1000 Menschen auf einem Quadratkilometer Fruchtland (Deutschland: etwa 240 Menschen/qkm).

Isis aus dem Delta

Einer der größeren Zentralorte des Deltas war Sebennytos. Die vermutete Heimat der Isis lag nördlich von Sebennytos, in Iseum, das zentral im nördlichen Delta gelegen war. Noch weiter nördlich, im Westdelta, brachte Isis ihren Sohn Horus zur Welt. Der Ort der Geburt hieß Chemmis, eine schwimmende Insel in einem See in der Nähe von Buto. Hier zog Isis ihren Sohn Horus groß, versteckt vor Seth.

Der Tod des Osiris, seine Wiederbelebung durch Isis, die Geburt des Horus und sein durch Isis gesichertes Überleben ereigneten sich in den Sümpfen des Deltas. Aus diesem Grund wurde auf den Wänden der Privatgräber „die Ausfahrt des Grabherrn in das Papyrusdickicht" abgebildet. Dieses Motiv nahm Bezug auf die mythischen Geschehnisse im Nildelta. Das Papyrusdickicht wurde als Ort der Wiedergeburt gedeutet - aber das ist ein anderes Thema.

Hekaw - Hexerei, Zauberei, Magie

Hexerei ist ein weltweit anzutreffendes kulturelles Phänomen, das auch im Alten Ägypten eine die gesamte Gesellschaft durchdringende Angelegenheit war. Ich verwende die Begriffe Hexerei, Zauberei und Magie synonym, obwohl in der Literatur Hexerei zumeist als angeborene, negative und Zauberei als erlernte, positive Magie bezeichnet wird.[2] Das im Allgemeinen mit „Zauberei" übersetzte altägyptische Wort lautete *hekaw* und war ein wertneutraler Begriff. Ob *hekaw* zum Nutzen oder zum Schaden eines Menschen eingesetzt wurde, das lag in der Intention desjenigen, der sie anwandte.

Hekaw, so heißt es in der „Lehre für Merikare", war zwar vom Schöpfer den Menschen zu ihrem Nutzen gegeben, um „dem Schlag des Unheils zu wehren".[3] Doch am Beispiel der Isis werden wir sehen, dass diese ihre Zauberkraft nicht nur nutzte, um zu helfen und zu schützen, sondern auch aus rein egoistischen Motiven.

Hekaw für alle

Die Verwendung von *hekaw* stand nicht nur den Göttern, sondern auch allen Menschen offen. Erik Hornung schreibt: „Der Grad der Verfügbarkeit von Zauber ist verschieden. Einige Gottheiten wie Isis, Seth und Horus gelten als besonders zaubermächtig, aber auch der einfache Hirte ist in der Lage, das Krokodil durch einen Zauberspruch von seiner Herde fernzuhalten. Im Grunde kann jeder den Zauber anwenden und sich seiner automatischen Wirkung bedienen, indem er zur rechten Zeit das rechte Wort ausspricht, durch das die

---

[2] Diese Unterscheidung geht auf die Forschungen des Ethnologen Edward E. Evans-Pritchard (Witchcraft, Oracles and Magic among the Azande, 1937) bei den sudanesischen Nuer zurück (kritisch dazu s. Ioan M. Lewis, Exotische Glaubensvorstellungen und die Produktionsweise der Feldforschung in der Anthropologie, in: Hans Peter Duerr (Hg.): Der Wissenschaftler und das Irrationale, Bd. 2, 1985, 46f; s.a. Roland Mischung, Schaman(inn)en und Hexen/Hexer: Varianten desselben Phänomens oder Erscheinungen, die man nicht vermischen darf?, in: Hexen im Museum. Hexen heute. Hexen weltweit, Mitteilungen aus dem Museum für Völkerkunde Hamburg, Neue Folge, Bd. 34, 2004, 189f.)
[3] S. Helmut Brunner, Altägyptische Weisheit. Lehren für das Leben, 1988, 154

wirkenden Kräfte freigesetzt werden".[4] Allerdings meint Hornung in Ägypten eine ungute Entwicklung hin zu einer „Besessenheit vom Zauber und von den Möglichkeiten, die er bietet", beobachten zu können. Er trennt dabei grundsätzlich die legitime, weiße von der illegitimen, schwarzen Magie. Weiße Magie hätte einen „praktischen Sinn und Zweck, der ja in der Abwehr von gefährlichen Tieren, bedrohlichen Situationen und selbst im Liebeszauber immer gegeben ist", während schwarze Magie „zur reinen Demonstration der Möglichkeiten" ausgeübt und all zu leicht „die gesetzten Grenzen überschreiten" würde. Hornung unterscheidet in diesem Zusammenhang die Zauberer, die eine auf die Mythen bezogene Magie anwandten - das waren seiner Meinung nach die guten -, und solche, die eine Magie anwandten, deren „Auswüchse" er als „Perversionen" bezeichnet, wie etwa Schadenzauber oder Götterbedrohungen. „Diese Art Zauber", schreibt Hornung, „die man erlernen kann, hat sich von ihrer Verankerung und Funktion in der Gesellschaft gelöst und ist zu einem privaten Hobby von Zauberkünstlern geworden, die nur noch ihren persönlichen Ehrgeiz damit befriedigen".

Es stellt sich jedoch die Frage, in wie weit eine solche Unterscheidung für das Alte Ägypten tatsächlich zutrifft? Vielleicht hatte die Zauberei keine „gesellschaftliche Funktion" wie Hornung meint, sondern war ein Ausdruck der jenseitigen Welt, „einer Wirklichkeit, die unsere normale Alltagserfahrung transzendiert und die von interessierten und begabten Menschen, meist nach einer gewissen Vorbereitung, erfahren werden kann". Der Ethnologe Roland Mischung schreibt weiter: „Das Ziel von hexerischen bzw. magischen Praktiken ist es, Kräfte und Energien aus der ‚otherworld' quasi ‚herabzuziehen', sie zu kanalisieren und zu einem bestimmten Zweck zu bündeln. Im Prozess einer solchen Praxis kommt es in der Regel zu einer völligen Neustrukturierung der persönlichen Identität: Der Mensch sieht sich in umfassenderen kosmischen Zusammenhängen, er erfährt eine enorme Ausweitung seiner Wahrnehmungs- und Handlungsspielräume. Die Machtlosigkeit seiner Alltagsexistenz mit ihren vielfältigen Beschränkungen wird zumindest zeitweilig aufgehoben zu Gunsten einer sonst nicht erfahrbaren persönlichen Autonomie".[5] Wurden die Handlungen der spätzeitlichen Zauberer von der altägyptischen Gesellschaft ebenfalls - wie Hornung es sieht - als „Perversion" angesehen? Ich denke, dass die Rolle des Zauberers ambivalent wahrgenommen wurde, weil *hekaw* zum Nutzen wie zum Schaden praktiziert werden konnte.

Die Beliebtheit der Isis

Noch in koptischer Zeit griff der altägyptische Mensch zur „mythenbezogenen Magie", wenn es um die Lösung seiner alltäglichen Probleme ging. Im Mittelpunkt der auf diese Weise genutzten Mythen stand in erster Linie die Göttin Isis, die Emma Brunner-Traut sehr treffend als „Zauberin par excellence" bezeichnet.[6] Hans Bonnet sieht den Grund der Beliebtheit der Isis in der Identifikation des Volkes mit der Göttin: „Man erlebt vielmehr der Göttin Leid als eigenen Last; zugleich aber erfüllt ihre alle Nöte überwindende Kraft mit Hoffnung für das eigene Los".[7]

---

[4] Erik Hornung, Geist der Pharaonenzeit, 1989, 66
[5] Mischung, Schaman(inn)en und Hexen/Hexer, 193
[6] Emma Brunner-Traut, Gelebte Mythen. Beiträge zum altägyptischen Mythos, 1988, 2
[7] Hans Bonnet, Reallexikon der ägyptischen Religionsgeschichte, 1971, 327

Meiner Meinung nach erwartete das Volk aber, wenn es Isis anflehte oder auf die ihr zugeschriebenen Zaubersprüche zurückgriff, Hilfe durch ihre Zauberkraft und durch ihre damit verbundene Macht. „Identifizieren" und „Hoffen", diese Passivität und dieses „sich in das Schicksal fügen", wie Bonnet meint, trifft sicherlich nicht den Kern der Dinge. Die Menschen versuchten durchaus ihr Schicksal selbst in die Hand zu nehmen. Wenn dem nicht so gewesen wäre, hätte es keinen so reichlichen Bedarf an Zaubersprüchen gegeben, wie sie z.b. auf den Heilstatuen oder den Horus-Stelen niedergeschrieben sind. Die berühmteste der Horus-Stelen ist die so genannte Metternich-Stele, auf die weiter unten etwas näher eingegangen wird.

Isis, die Mutter- und Fruchtbarkeitsgöttin

Obwohl Isis sehr eng mit Osiris und Horus verbunden war, wurde sie zugleich z.B. in Koptos als Mutter des Min oder in Siut als Mutter des Upuaut verehrt. Auch ihr in der Spätzeit herausgestellter Aspekt der „Segen spendenden Naturgottheit" - Isis als Fruchtbarkeitsgöttin - lässt sich in die frühere Zeit zurückverfolgen. Hans Bonnet sieht darin „alte, wurzelhafte Züge... Setzt doch schon ein recht altertümlicher Hymnus Isis einer mütterlichen Feldgöttin gleich".[8]

In der ägyptologischen Literatur wird Isis geradezu als die Personifikation der guten, fürsorglichen Mutter und treuen, aufopferungsbereiten Ehefrau schlechthin angesehen. Und aus diesem Grund gibt es auch keine Bedenken, sie als ikonographischen Vorläufer für die Darstellung der Jungfrau Maria mit dem Jesuskind im Arm zu deuten. Sicherlich ist gegen diese Interpretation grundsätzlich nichts einzuwenden. Dennoch darf - wenn es um die Beschreibung der Isis geht - ihre gefährliche, zauberreiche, mächtige und listige Seite nicht außer Acht gelassen werden. Die Reduzierung der Göttin auf die Aspekte Liebe, Treue und Mutterschaft ignoriert die „dunklen" Charakterzüge der Isis. Das folgende Zitat bezieht sich auf die römische Göttin Diana; ebenso gut lässt es sich aber auch auf die griechische Artemis oder eben auf Isis beziehen. Alle drei galten als Lebensspenderinnen und Fruchtbarkeitsgöttinnen: „[Das Christentum deklarierte auf dem Konzil zu Ephesus 431] Maria zur Mutter Gottes und der Menschen. Sie übernahm von da an die Funktion der anzubetenden weiblichen Gottheit innerhalb der männlich gedachten Dreifaltigkeit. Dadurch war der Glaube an eine mütterliche, helfende Gestalt zwar ins Christentum integriert worden, weil das Volk ein Bedürfnis danach hatte, die Frau selbst erfuhr jedoch statt Verehrung Abwertung und Reduzierung. Maria hatte als reine jungfräuliche Mutter nur einen Teil der Diana übernommen, alle ‚negativen' Züge, wie Sexualität und Magie wurden ausgeklammert".[9]

---

[8] Bonnet, Reallexikon, 328

[9] Heidi Staschen; Thomas Hauschild, Hexen, 2001, 18

Isis und das moderne Hexenbild

Isis verfügte nicht nur über besonders große Zauberkraft, sondern auch über einen starken Willen und großes Durchsetzungsvermögen. Die Mythen und Geschichten, die von Isis berichten, vermitteln ein Bild der Göttin, das unserem modernen Hexenbild sehr ähnlich ist. Ende der 1970er Jahre wurde die Hexe zum Symbol der Frauenbewegung. Zentral war von Anfang an das Bild „der geheimnisvollen und gefährlich starken Zauberin. Aber es wird positiv bewertet, als Ausdruck ihrer Stärke und Unabhängigkeit".[10]

Isis, die Zauberreiche

Wrt-Hekaw ist ein Beiname der Isis und bedeutet so viel wie „die Zauberreiche". Um zu veranschaulichen, wie mächtig Isis tatsächlich war und wie sehr gerade im Volk nicht ihre Mutterrolle, sondern ihre Zauberkraft im Mittelpunkt der Verehrung stand, folgen weiter unten einige Erzählungen über Isis. Wenn überhaupt die Mutterrolle der Isis eine besondere Bedeutung erfuhr, dann im Zusammenhang mit ihrer Funktion als Heilerin. Dieser Aspekt der Isis kam wiederum in der altägyptischen Heilkunst zum Tragen, die, wenn man so will, auf zwei unterschiedlichen Beinen stand - auf einem medizinischen und einem magischen. Vielen Rezepten wurden Zaubersprüche angehängt, die auf Isis als Heilerin und mächtige Zauberin Bezug nahmen. Dabei ging es nicht um die Konstellation Mutter und Sohn, sondern um die Konstellation Heilerin und Patient, wobei sich der Patient und der Heilkundige mit der jeweiligen Gottheit identifizierten.

Das Rezitieren der Zaubersprüche und die damit zusammenhängenden Kulthandlungen versetzten die handelnden und betroffenen Personen in eine von der Menschwelt abgehobene göttliche Sphäre. Die Sprüche beziehen sich auf die Situation von Isis, die zurückgezogen mit ihrem Sohn Horus in den unwirtlichen Regionen des nördlichen Nildeltas lebte. „Beide Beteiligte, Magier wie Patient, schlüpfen dabei - wenn Letzterer auch nicht regelhaft, dann zumindest sehr häufig - selbst in die Rolle von Göttern. Eine geradezu klassische Konstellation identifiziert den Kranken mit dem kindlichen Horus, der vor den Nachstellungen durch seinen Onkel und Vatermörder Seth von seiner Mutter Isis versteckt werden muss. Damit ist Seth die Triebfeder für alles Übel, er ist für alles Kranke und Todbringende verantwortlich. Horus erscheint dann als das mythische Analogon und zugleich Antonym zu Seth; er ist in ein physisches oder psychisches Problem geraten, das von seiner zauberkräftigen Mutter Isis - dabei nicht selten von deren Schwester Nephthys unterstützt - kuriert werden kann. Und genau so, wie der - mythische - Patient Horus von seiner Mutter in illo tempore geheilt wurde, genau so kann nun auch qua magischem Ritual der - irdische - Patient von seinen Leiden befreit werden".[11]

Im Mittelpunkt der Isis-Verehrung stand m.E. also nicht ihre Mutterrolle, sondern ihre magische Kraft und die daraus resultierende Macht, die sich der Mensch zu Eigen machen wollte.

---

[10] Thomas Hauschild, Die alten und die neuen Hexen. Die Geschichte der Frauen auf der Grenze, 1987, 271. Dieses moderne Hexenbild hat mit dem der historischen Hexenverfolgung nur noch wenig zu tun.

[11] Hans-Werner Fischer-Elfert, Altägyptische Zaubersprüche, 2005, 19

Die Metternich-Stele

Die so genannte Metternich-Stele befindet sich heute im Metropolitan Museum of Art in New York und ist das am besten erhaltene und mit 83,5 cm Höhe das größte Exemplar einer so genannten Horus-Stele.[12] Sie stammt aus der Regierungszeit Nektanebos II. (30. Dyn.). Ihr Stifter war ein Priester namens Nesatum aus Heliopolis. In der ägyptologischen Literatur ist manchmal statt von einer Stele auch von einem Cippus die Rede. Solche Cippi stellen „Horus das Kind" (Harpokrates) dar, wie er auf Krokodilen steht und Schlangen, Skorpione, eine Oryxantilope und einen Löwen in seinen Händen hält - Tiere, die die unbekannte, tödlich ins Leben einbrechende Gefahr symbolisieren. Um Horus herum sind zu seinem Schutz verschiedene Gottheiten versammelt. Außerdem sind diese Cippi mit Beschwörungen und Zaubersprüchen beschriftet, die speziell gegen Bisse von Schlangen und Skorpionen schützen sollten. Die Horus-Stelen wurden in Tempeln, in Haushalten oder an Handelsstraßen aufgestellt oder auch in Miniaturform als Amulette um den Hals getragen. Über die Stelen gegossenes Wasser wurde als Heilmittel aber auch zur Prophylaxe gegen Schlangenbisse und Skorpionstiche getrunken.

Die Metternich-Stele ist neben der üblichen Darstellung des Horus als Kind über und über mit verschiedenen Schutzgottheiten versehen und mit Zaubersprüchen beschriftet: z.B. gegen Apophis, gegen Schlangengift, zur Heilung einer Katze, zum Schutz für Reisende auf dem Nil und gegen Skorpionstiche. Zwei dieser Inschriften sind relativ lange Erzählungen von Isis, wie sie ihren Sohn Horus vor Seth beschützt und tödliche Skorpionstiche heilt. Sie werden im Folgenden vorgestellt:[13]

Isis heilt einen tödlichen Skorpionstich

„Ich bin Isis und floh aus dem Spinnhaus, in das mein Bruder Seth mich gesteckt hatte. Aber Thoth, der große Gott, das Oberhaupt der Wahrheit im Himmel und auf Erden, hat mir gesagt: ‚Verbirg dich mit deinem kleinen Sohn, damit er zu uns komme, wenn sein Körper stark ist und seine Kraft voll entwickelt, auf daß man ihn auf seines Vaters Thron setze und ihm das Amt des Herrschers der beiden Länder verleihe.' Und so ging ich aus zur Abendzeit, und sieben Skorpione gingen hinter mir her, und sie dienten mir: Tefun und Befun dicht hinter mir; Mostet und Mostetef unter meiner Sänfte; Pitet, Titet und Matet sicherten mir den Weg. Ich rief ihnen ganz eindringlich zu, und meine Worte drangen in ihre Ohren: ‚Haltet euer Gesicht nach unten auf den Weg! Hütet euch, den zu leiten, der mir nachstellt (Seth), bis wir das ‚Haus des Krokodils' erreichen, die ‚Stadt der beiden Schwestern' vor dem Sumpfgebiet hinter Buto!' Endlich erreichte ich die Häuser der verheirateten Frauen. Aber sobald mich eine vornehme Dame von weitem sah, schloß sie ihre Türe vor mir. Das verdroß meine Begleiter (die Skorpione). Sie berieten sich miteinander über sie und legten ihr Gift zusammen auf die Stachelspitze des Tefun. Tefun war schon unter den Flügeln der (ersten) Tür hineingeschlüpft und hatte den Sohn der Reichen gestochen. Sie (die Dame) rannte unter

---

[12] Detaillierte Abbildungen der Stele sowie die Übersetzungen der Inschriften in: James P. Allen (Hg.), The Art of Medicine in Ancient Egypt, 2005, 49ff (Katalog zur gleichnamigen Ausstellung im Metropolitan Museum of Art, New York); s.a. John F. Nunn, Ancient Egyptian Medicine, 1997, 107ff

[13] Sehr gekürzt zitiert nach Emma Brunner-Traut, Altägyptische Märchen, 1991, 147ff

Wehklagen durch ihre Stadt, aber keiner kam auf ihren Ruf herbei. Da ward auch mein Herz betrübt um den Kleinen ihretwegen, weil es (das Herz) den Unschuldigen leben lassen wollte. Ich rief zu ihr: ‚Komm zu mir, komm zu mir! Siehe, mein Mund hat Lebenssprüche. Ich bin eine Tochter, in ihrer Stadt bekannt, weil sie das giftige Gewürm mit ihrem Spruche austreibt. Mein Vater hat mich die Wissenschaft gelehrt. Denn ich bin seine geliebte, leibliche Tochter.' Dann legte ich meine Arme auf das Kind, um den Verröchelnden zu beleben (und sage:) ‚Gift des Tefun, komm, fließe aus zu Boden! Kreise nicht herum, und dringe nicht ein (in den Körper). Gift des Befun, komm, fließe aus zu Boden! Ich bin Isis, die Göttin, die Herrin des Zaubers, die den Zauber ausübt, glänzend im Beschwören. Jedes beißende Gewürm gehorcht mir. Tropfe herab, Gift der Mostet! Sause nicht herum, Gift des Mostetef! Steige nicht auf, Gift der Pitet und der Titet! Wandre nicht herum, Gift der Matet! Falle also ab, Maul des Beißenden!... (Zu den Skorpionen:) Seht, meine Befehle sind euch erteilt seit dem Abend, da ich zu euch gesagt habe: ‚Ich bin alleinstehend.' Macht keinen Unterschied zwischen vornehm und gering. Haltet euer Gesicht nach unten auf den Weg, bis wir die Verstecke von Chemmis erreicht haben...".

Isis lässt die Sonne still stehen

(Isis spricht:) „Ich habe Horus geboren, den Sohn des Osiris, im Neste von Chemmis. Jetzt verberge ich ihn und verstecke ihn aus Furcht vor Jenem (Seth). Ich ziehe bettelnd nach Jamu, immer in Furcht vor dem Frevler. Den lieben langen Tag sehne ich mich nach dem Kinde, während ich für seinen Unterhalt sorge. Einmal, als ich zurückkehrte, um Horus zu umarmen, fand ich ihn, den schönen, goldenen Horus, das unschuldige, vaterlose Kind. Er hatte die Erde benetzt mit den Tränen seines Auges und mit dem Speichel seiner Lippen. Sein Körper war schlaff, und sein Herz war schwach, und die Adern seines Leibes schlugen nicht mehr. Ich stieß einen Schrei aus: ‚Hier bin ich, hier bin ich', aber das Kind war zu schwach, um zu antworten. Meine Furcht war groß, weil niemand auf meine Stimme hin kam." Isis legte ihre Nase an seinen Mund, um zu erkunden, wonach sein Leibesinnere roch. Sie stellte das Leiden des göttlichen Erben fest, fand, daß er vergiftet war. Da schickte Isis ihre Stimme zum Himmel und ihren Schrei zur „Barke der Millionen". Da blieb Aton (die Sonne) über ihr stehen und bewegte sich nicht mehr von der Stelle. Und Thoth kam herunter, ausgestattet mit seinem Zauber und mit dem hohen Rechtsurteil (des Re). (Thoth spricht:) „Weiche zurück, du Gift! Siehe, du wirst beschworen durch den Mund des Re, abgewehrt (durch die) Züge des großen Gottes. Während das Schiff stillsteht und nicht fährt, während die Sonnenscheibe weilt an ihrem Platze von gestern, bis Horus gesund wird für seine Mutter Isis, bis das leidende Kind gesund wird für seine Mutter. Komm heraus, (Gift,) auf die Erde, dann wird das Schiff sich wieder in Bewegung setzen, die Bootsmannschaft des Himmels wieder fahren. Dann werden die Herzen wieder froh sein, dann wird die Sonne wieder kreisen. Die Zauberkraft seiner Mutter ist sein Schutz, indem sie seine Beliebtheit verbreitet und die Furcht vor ihm den Menschen einflößt. Ich werde seinem Vater mitteilen, daß er lebt. Denn Horus lebt für seine Mutter, und das Gift ist wirkungslos."

Isis und die Hexen aus den Kindermärchen

Wie oben schon beschrieben ähnelt die Göttin Isis in vielem der Vorstellung einer „modernen" Hexe. Und ich denke, dass das Hexenbild, das in unseren heutigen Kinderbüchern vermittelt wird, dieser Wahrnehmung ebenfalls recht nahe kommt.[14] In den heutigen Kindermärchen leben die Hexen - es gibt gute und weniger gute - ausgeschlossen von der Gemeinschaft abseits der Dörfer und Städte. Sie verbergen sich an unzugänglichen oder auch Furcht erregenden Orten vor ihren Verfolgern. Dennoch werden sie manchmal von Menschen aufgesucht, die Hilfe benötigen. In ihren Hütten - meistens hausen Hexen in einfachsten Verhältnissen - lagern sie ihre gesammelten Heil- und Zaubermittel: Mineralien, Pflanzen, Tiere und Teile von Tieren, Pilze, Samen und Nüsse, Erden und Produkte oder auch Ausscheidungen von Tieren usw. Ihre Rezepte und Zaubersprüche sammeln sie in einem Buch. Die Hexen haben Tiere, die sie begleiten, die aber von der Gesellschaft als Unglücksbringer angesehen werden: Krähen, schwarze Kater, Fledermäuse, Eulen etc. Und außerdem haben sie nicht nur Kontakt zu ihresgleichen, sondern auch zu übernatürlichen Wesen.

Es gibt einige Aspekte in den Erzählungen, die Isis mit unseren „modernen" Hexen gemeinsam hatte. Bevor einige dieser Hexenaspekte kurz erläutert werden, folgen noch zwei weitere Erzählungen über die mächtige Zauberkraft der Isis:[15]

Isis findet den Sarg des Osiris in Byblos

Die Verschwörer trugen die Lade mit dem Leichnam des Osiris zum Fluss „und schickten sie durch die tanitische Mündung ins Meer... Hierauf erfuhr Isis von der Lade, daß die Brandung sie sanft an einem Ereike-Baum abgesetzt habe, als sie von den Meereswogen im Gebiete von Byblos an das Land geworfen war. Als die Ereike in kurzer Zeit zum herrlichsten und größten Jungbaum aufgeschossen war, umfing sie die Lade ringsum, wuchs um sie herum und verbarg sie so in sich. Der König von Byblos bewunderte die Größe des Baumes, schnitt den Stamm ab, der die Lade unsichtbar einschloß, und stellte ihn als Pfeiler unter sein Dach. Das erfuhr Isis, so erzählt man, durch das dämonisch-göttliche Wehen des Gerüchtes und kam nach Byblos. Jetzt erbat sich die Göttin, da sie offenbar geworden war, den Pfeiler des Daches, zog dann den Ereikestamm ganz leicht unter dem Dache heraus und schnitt ihn ringsum weg. Dann umhüllte sie ihn mit Linnen, goß Salbe darauf und übergab ihn dem Königspaar. Dann aber warf sie sich über den Sarg und wehklagte so heftig, daß der jüngere Sohn des Königs starb. Den älteren nahm sie mit sich. Sie legte den Sarg in ein Schiff und segelte davon. Als der Fluß Phaidros gegen Morgen einen rauheren Wind aufkommen ließ, geriet sie in Zorn und ließ seinen Lauf vertrocknen. Sobald sie in die Einsamkeit gelangt und mit sich allein war, öffnete sie den Sarg, schmiegte ihr Angesicht an das der Leiche, küßte sie und weinte. Da nun das Knäblein lautlos von hinten herantrat und zusah, merkte sie es, wandte sich um und warf ihm im Zorn einen furchtbaren Blick zu; das Kind aber vermochte den Schreck nicht zu ertragen, sondern fiel tot um... Da Isis zu ihrem Sohne Horus reiste, der in Buto aufgezogen wurde, stellte sie den Sarg beiseite; aber Typhon [Seth] stieß auf ihn, während er bei Nacht im

---

[14] Ich denke an „die kleine Hexe", Bibi Blocksberg, Gundel Gaukeley oder Harry Potter.

[15] Beide ebenfalls sehr gekürzt zitiert nach Brunner-Traut, Altägyptische Märchen, 127ff

Mondscheine jagte. Er erkannte den Leichnam, zeriß ihn in vierzehn Stücke und streute sie umher. Als Isis das vernahm, fuhr sie in einem Papyrusboote durch die Sümpfe und suchte die Stücke wieder zusammen...".

Isis vergiftet Re

„Jedoch Isis war eine weise Frau, ihr Herz war listiger als das von Millionen Menschen. Ihr Spruch war erlesener als der von Millionen Göttern, sie hatte tiefere Einsicht als Millionen Geister. Es gab nichts, was sie nicht gewußt hätte im Himmel und auf Erden, wie Re, der die Erde erhält. Nun plante die Göttin in ihrem Herzen (auch) den (geheimen) Namen des ehrwürdigen Gottes in Erfahrung zu bringen. Ein göttliches Alter ließ ihn seinen Mund erschlaffen, und der ließ seinen Speichel auf die Erde tropfen. Sein Speichel fiel zu Boden; den wische Isis mit ihrer Hand auf, zusammen mit der Erde, die daran hing. Sie formte daraus eine Zauberschlange und machte sie nadelspitz. Die bewegte sich nicht, obwohl sie vor ihr lebendig geworden war. Isis legte sie auf den Kreuzweg, über den der Große Gott zu wandeln pflegte. Der ehrwürdige Gott, er trat heraus, und die Götter aus dem Palast folgten ihm. Er erging sich wie jeden Tag, da biß sie zu, die Zauberschlange. Ein lebendiges Feuer brach in ihm aus, und sie (die Schlange) verkroch sich im Gebüsch. Seine Lippen bebten, und es schlotterten alle seine Glieder. Das Gift hatte seinen Leib ergriffen, so wie die Nilüberschwemmung um sich greift. Als der Große Gott sich ein Herz gefaßt hatte, rief er zu seinem Gefolge: Kommt mir zu Hilfe, die ihr aus meinem Leibe entstanden seid, ihr Götter, die ihr aus mir hervorgegangen seid. Da sprach Isis zu Re: ‚Nenn [mir deinen geheimen Namen], dann wird das Gift austreten! Denn ein Mann lebt, dessen Name ausgesprochen wird.' Doch das Gift brannte weiter mit Brennen, es war stärker als Flamme und Feuer. Dann sprach die Majestät des Re: ‚Leih mir dein Ohr, meine Tochter Isis, auf daß mein Name übergehe aus meinem Leib in deinen Leib.' Der Große Gott, er offenbarte seinen Namen der Isis, der Zauberreichen. (Isis:) ‚Fließe heraus, Schlangengift! Komme heraus aus dem Gotte! Ich bin es, die dich geschaffen hat. Ich bin es, die dich wieder austreibt. Geh zugrunde, mächtiges Gift. Wahrlich, der Große Gott hat seinen Namen offenbart. Re bleibt am Leben, das Gift ist tot'".

Die Hexenaspekte der Isis

Die Heimat der Isis war das dünn besiedelte nördliche Delta mit seinen Sümpfen, Seen und Papyrusdickichten. Hier versteckte sie sich mit dem Leichnam ihres Gatten Osiris vor ihrem Verfolger Seth. Hierhin floh sie, um Horus zu gebären, und hier versteckte sie sich mit ihrem Sohn, um ihn in Sicherheit großzuziehen, damit er später den Mord an seinem Vater rächen konnte.

Dadurch, dass sie verfolgt wurde, konnte sich Isis nicht in einem Dorf oder einer Siedlung niederlassen. Sie musste ständig damit rechnen, entdeckt zu werden, lebte also zurückgezogen von der Gemeinschaft, was natürlich Misstrauen unter den Menschen auslöste. Isis bewegte sich aber nicht nur unter den Menschen, sondern auch unter den Göttern. Sie war eine Grenzgängerin zwischen der diesseitigen und der jenseitigen Welt. Sie hatte auf Grund der Gräueltat Seths an ihrem Bruder und Ehemann Osiris praktisch alle jenseitigen Wesen auf ihrer Seite. Auf ihren Hilferuf hin erschienen ihre Schwester Nephthys, die zugleich auch die Ehefrau des Seth war, ebenso wie Selket oder Thot. Ihr Grenzgängertum wurde auch in ihrer Lebensweise deutlich. Isis lebte im Nildelta, in einem unkultivierten und unzugänglichen Gebiet, in einer ursprünglichen, lebendigen, sich ständig verändernden Landschaft - Chemmis wurde nicht ohne Grund als eine bewegliche Insel beschrieben. Die Menschen, die sich in diesem Gebiet auskannten, waren tagtäglich den tödlichen Gefahren der Sümpfe ausgesetzt. Unsichtbar lauerten neben den gefährlichen Tieren auch Krankheiten, gegen die es kaum Heilung gab.

Die Tiere, die Isis um sich herum geschart hatte, können durchaus als ihre Hilfsgeister bezeichnet werden. Einige dieser Tiere, z.b. die Skorpione, sind unter den Menschen als ausgesprochen gefährlich und Tod bringend angesehen. Mit diesen Tieren wollte man auf keinen Fall in Berührung kommen. Ein Umgang mit ihnen konnte nichts Gutes bedeuten. Die Zauberkraft der Isis war über alle Maßen mächtig, denn sie konnte die Sonne dazu bewegen, still zu stehen, sie konnte den toten Osiris wieder beleben und ihm zu einem Leben im Jenseits verhelfen. Außerdem konnte sie tödliches Schlangen- und Skorpiongift neutralisieren. Sie war also eine Herrscherin über Leben und Tod. Und sie war listig, wenn es um ihre eigenen Ziele ging. Mittels ihrer Zauberkraft gelang es ihr als einziger den geheimen Namen des Sonnengottes zu erfahren. Damit hatte sie Macht auch über den Schöpfergott. Macht auf Grund von Wissen, das kein anderes Wesen hatte. Diese Machtfülle hatte Furcht zur Folge, denn Isis machte von ihrer Macht Gebrauch. Ihre Zauberkraft war ebenso bekannt wie ihr Schicksal, vom schlimmsten und gefährlichsten aller Götter verfolgt zu werden. Wer sich mit ihr einließ, der geriet automatisch selbst in Lebensgefahr.

Abschließende Bemerkungen

Mir geht es darum, auf die „negative" Seite von Isis, der „Hexe aus dem Delta", aufmerksam zu machen. Meiner Meinung nach wird in der Literatur - ob unbewusst oder aus Bequemlichkeit - viel zu sehr das Gewicht auf ihre mütterlichen und ehefraulichen Aspekte gelegt. Isis war eine eigenständige Göttin, die weder über ihren Sohn noch über ihren Ehemann definiert wurde. Sie war eine mächtige Göttin, die von den Menschen bis weit in die christliche Zeit hinein und im gesamten Mittelmeerraum verehrt wurde. Als unter Justinian (527-565 n. Chr.) die „heidnischen" Tempel geschlossen wurden, erlosch mit dem Isis-Tempel auf Philae „das letzte Bollwerk der altägyptischen Theologie". Und überhaupt, so schreibt C. Detlef G. Müller weiter, „scheint Isis das letzte Mitglied des altägyptischen Pantheons gewesen zu sein, das dem Christentum noch ernsthaft Widerstand leisten wollte".[16]

Isis stand für das Grenzgängertum - für die Durchlässigkeit der Grenze zwischen der diesseitigen und der jenseitigen Welt und zwischen Kultur und Natur. Das offizielle Verbot der Isis-Verehrung lies ein Vakuum entstehen, das später durch den Marienkult zumindest halbwegs ausgefüllt wurde. Mit dem Christentum zogen sich die Götter in ihre Welt zurück. Die Grenze zur jenseitigen, natürlichen Welt wurde praktisch undurchlässig - und Grenzgänger gab es von da an nur noch wenige.

---

[16] C. Detlef G. Müller, Grundzüge des christlich-islamischen Ägypten, 1968, 127